全新版

華語

第八冊

習作A本

流傳文化事業股份有限公司
http://www.chlearn.com

全新版華語習作A本　第八冊

訂正

生字	潑	績	據	播	導	司	吐	均
部首	水	糸	手	手	寸	口	口	土
筆畫	15	17	16	15	16	5	6	7

生字練習

訂正

生字	建	議	算	益	增	垂	齡	炎
部首	廴	言	竹	皿	土	土	齒	火
筆畫	9	20	14	10	15	8	20	8

生字練習

(一)寫出正確的字

健　建　毽　腱　鍵

1. 媽媽（　　　）議我們颱風天不要去登山。
2. 他每天去慢跑，保持身體的（　　　）康。
3. 唐朝曾流行玩一種有羽毛的（　　　）球。
4. 你的鋼琴（　　　）盤，是不是壞掉了？
5. 這次賽跑，他的大腿肌（　　　）拉傷了。

益　溢　隘

1. 這家商店的顧客日（　　　）增加。
2. 洪水來了，大水（　　　）過堤防。
3. 你的想法太狹（　　　）了，無法引起大家的共鳴。

(二)遞進複句練習：利用下面的關連詞寫複句。

1. ……而且……

2. ……竟然……

3. ……不僅……連……

(三)寫順句子：將課本的句子換一個方式寫。

①從外表看來　②十五歲的克莉絲汀　③和一般美國女孩沒什麼兩樣

【　　→　　→　　】

二 我還擁有

訂正								
生字	獨	畢	廠	徒	擊	睛	良	凡
部首	犬	田	广	彳	手	目	艮	几
筆畫	16	11	15	10	17	13	7	3
生字練習								

訂正								
生字	濕	痕	維	數	贏	獎	善	嫁
部首	水	疒	糸	攴	貝	大	羊	女
筆畫	17	11	14	15	20	15	12	13
生字練習								

㈠寫出正確的字

憎 曾 僧 增 贈

1.（　　）老師是我們的保齡球教練。
2.玲玲每天被逼著練琴，所以（　　）恨鋼琴。
3.贏得這項大獎的人，每天都在（　　）加。
4.這間寺廟中有許多修行的（　　）侶。
5.這是媽媽的寶貝，你不要隨便（　　）送別人。

膳 鱔 善

1.醫院的（　　）食很健康。
2.老師誇獎她是個（　　）良的小孩。
3.你吃過（　　）魚麵嗎？

(二)摘段意：圈選文字中重要的詞語，把它連接成句，成為該段的段意。

1. 對一般人來說，擁有平凡的生活，擁有太太，擁有小孩，是再平常不過的事。但是對獨腳、獨眼，又沒有雙手的中年男人謝坤山而言，這實在是一個不可能的任務。

2. 在名師的指導和自己的苦學下，謝坤山贏得很多全國性的繪畫大獎，贏得善良的女孩願意嫁給他，最後也贏得自己的終身幸福。

生字	翠	專	折	固	俯	衝	振	取
部首	羽	寸	手	口	人	行	手	又
筆畫	14	11	7	8	10	15	10	8
生字練習								
訂正								

生字	須	秒	銜	況	透	遙	控	巧
部首	頁	禾	金	水	辵	辵	手	工
筆畫	12	9	14	8	11	14	11	5
生字練習								
訂正								

(一)遞進複句練習

1. ……尚且……更何況……

例：一般人要拍到翠鳥停留的畫面尚且不容易，更何況拍到牠潛入水中咬魚的畫面。

（　　　　　　　　　　　　　　　　　　　　　）

2. ……甚至……

例：謝坤山嘴巴破兩、三個洞是正常的，嚴重時甚至有六、七個傷口。

（　　　　　　　　　　　　　　　　　　　　　）

3. ……不光是……而且……

例：楊爺爺不光是會照相，而且會修理照相機呢！

（　　　　　　　　　　　　　　　　　　　　　）

(二)選出正確的字

振 震 借 藉

1. 你要（　）作起來，不要再混日子。
2. 空難事件（　）驚了全世界。
3. 鐘擺的（　）動是有規律的。
4. 勝利的消息傳來，大家好（　）奮。
5. 去年的大地（　），讓很多人財產損失。
6. 炮聲（　）耳欲聾，大家非常害怕。
7. （　）刀殺人是最可惡的行為。
8. 憑（　）他的實力，任何考試他都能輕易過關。

四 大禹治水

訂正								
生字	程	堵	塞	亂	淹	姓	顯	替
部首／筆畫	禾／12	土／11	土／13	乙／13	水／11	女／8	頁／23	曰／12
生字練習								

訂正								
生字	築	堤	沖	岸	淺	挖	勢	災
部首／筆畫	竹／16	土／12	水／7	山／8	水／11	手／9	力／13	火／7
生字練習								

㈠寫出正確的字

掩　庵　醃　淹

1. 大水（　　）沒了整個村莊。
2. 他用手（　　）住哭紅的雙眼。
3. 山上有一間尼姑（　　），住了很多尼姑。
4. 這塊肉已經用醬油、鹽、酒（　　）好了。

賭　睹　都　堵

1. 今天交通大（　　）塞，所以我遲到了。
2. 他目（　　）兇手殺人後揚長而去。
3. 用金錢（　　）馬是他的休閒活動。
4. 鄉村和（　　）市有不同的風貌。

(二)詞語溫度計

有些詞語是正向的；有些詞語是中性的；有些詞語是負面的；請依照句子的需要，圈選出比較合適的詞語。

1. 張老師很用心的【教導、暗示、教唆】我們功課。
2. 我不喜歡他那有錯不改錯的【堅強、強烈、頑強】性格。
3. 經過幾場比賽，【成果、結果、後果】出來了。
4. 偷車賊和地下工廠【團結、結合、勾結】賺取黑錢。
5. 經過老師的【鼓舞、鼓動、煽動】，全隊士氣大振。
6. 熱心的自然保育人士，保護候鳥【不遺餘力、使不上力、不花點力】。
7. 他特殊的米粒雕刻【技巧、技術、技倆】舉世無雙。
8. 溫馨的電影，特別容易引發【感情、激情、煽情】的共鳴。

生字	部首	筆畫
棟	木	12
討	言	10
厭	厂	14
集	隹	12
砍	石	9
蟻	虫	19
鄰	邑	15
壓	土	17

訂正

生字練習

生字	部首	筆畫
財	貝	10
毒	毋	8
螞	虫	16
巢	巛	11
穴	穴	5
漆	水	14
決	水	7
付	人	5

訂正

生字練習

(一)關連複句練習

1. 再說

例：砍倒一棵樹是沒用的，附近樹上的蟲還是會飛來。**再說**，這樹又是鄰居的財產。（遞進複句）

2. 不妙的是

例：巴先生擁有一棟漂亮的房子，**不妙的是**房子布滿從屋旁大樹飛來的小蟲。（轉折複句）

(二)趣味成語：請將下列成語填「上、中、下」就可成句了！

1. 國王喜歡罵人，（　　）行下效全國的人都尖酸刻薄。
2. 他對貧窮的人常常雪（　　）送炭。
3. 日（　　）三竿了，你還在睡覺。
4. 他的意見不被上司採用，認為那是（　　）里巴人的意見。
5. 姐姐快出嫁了，每天總是喜（　　）眉梢。
6. 對於你的球技，我是甘拜（　　）風。
7. 想起他一再欺壓，我不禁怒從（　　）燒。
8. 他仍然堅守球門，可以說是本班的（　　）流砥柱。

								訂正
案	歷	售	銷	曾	島	鳳	威	生字
木 / 10	止 / 16	口 / 11	金 / 15	曰 / 12	山 / 10	鳥 / 14	女 / 9	部首 / 筆畫
								生字練習

								訂正
員	競	優	倍	零	採	棄	杜	生字
口 / 10	立 / 20	人 / 17	人 / 10	雨 / 13	手 / 11	木 / 11	木 / 7	部首 / 筆畫
								生字練習

㈠寫出正確的字

彩	採	踩	睬	菜

1. 到山上親手（　　）水果最好玩。
2. 香港的夜景五光十色非常精（　　）。
3. 媽媽閉起眼睛，不理（　　）小孩的哭鬧。
4. 他不小心（　　）了我一腳。
5. 超市的青（　　）又新鮮又便宜。

賠	倍	培	蓓	焙

1. 這是高（　　）數的望遠鏡。
2. 栽（　　）人才和種樹一樣，都要用心。
3. 他和別人合夥做生意，（　　）了很多錢。
4. 玫瑰花的（　　）蕾很美。
5. 他買了烤箱是為了要烘（　　）蛋糕。

(二)填填看：找一找字不同的部分，並寫出來。

1. 肖：不肖子孫。

(1)消（　　）：消失無蹤。

(2)俏（　　）：俏麗佳人。

(3)銷（　　）：銷售一空。

(4)逍（　　）：逍遙如仙。

2. 粦

(1)遴（　　）：遴選、遴派。

(2)鱗（　　）：魚鱗、鱗片。

(3)鄰（　　）：鄰里、鄰居。

3. 雚

(1)權（　　）：女權擡頭。

(2)勸（　　）：勸人為善。

(3)鸛（　　）：鸛鳥送子。

(4)觀（　　）：觀光事業。

(5)灌（　　）：灌溉農田。

4. 隹

(1)椎（　　）：鐵椎。

(2)錐（　　）：角錐。

(3)萑（　　）：萑葦。

訂正

生字練習

生字	礦	鄉	拳	費	股	極	憤	彷
部首	石	邑	手	貝	肉	木	心	彳
筆畫	20	12	10	12	8	13	15	7

訂正

生字練習

生字	怒	參	際	眶	皇	邀	弦	佛
部首	心	厶	阜	目	白	辵	弓	彳
筆畫	9	11	14	11	9	17	8	8

(一)填入適當的字

准　準　那　哪　場　楊　憤　奮

1. 你吃過（　　）桃嗎？酸得令我精神振（　　）起來。

2. 我明天的功課尚未（　　）備好，媽媽不（　　）我去打球。

3. 哥哥（　　）鬥了十年，終於在商（　　）上出人頭地了。

4. 樹林（　　）邊，種了一棵柳樹，你知道嗎？

5. 你知道（　　）一家商店賣的東西比較便宜？

6. 弟弟飆車的行為，令爸爸（　　）怒極了。

7. 他發（　　）圖強，終於一舉成名。

(二)句子練習

1. 再……還是……

例：他就算再窮苦，還是不肯放棄考大學的理想。

2. 那麼……那麼……

例：天那麼黑，雨下得那麼大，你還是別出去好嗎？

3. 像……又像……

例：這個水果長得像梨子，又像水蜜桃，它到底是什麼呢？

八　讀書心得

訂正

生字	駕	船	映	征	概	勁	叉	航
部首	馬	舟	日	彳	木	力	又	舟
筆畫	15	11	9	8	13	9	3	10

生字練習

訂正

生字	腥	武	剩	挫	敗	孤	副	抗
部首	肉	止	刀	手	攴	子	刀	手
筆畫	13	8	12	10	11	8	11	7

生字練習

(一)照樣寫短語

例：躺在床上睡著了
（走在路上跌倒了）、（坐在椅子上吃飯了）

1. 運氣終於來了
（　　　　　　）、（　　　　　　）

2. 大魚亮晶晶的
（　　　　　　）、（　　　　　　）

3. 鯊魚越來越多
（　　　　　　）、（　　　　　　）

㈡句子練習

1. 到了……終於……

例：他到了四十歲，終於嘗到當爸爸的喜悅。

2. 不能……一定……

例：我不能半途而廢，一定要把英文學好。

3. 不怕……也是……

例：一個人不怕失敗，屢敗屢戰，也是一種堅持。

九 遊峇里島

訂正								
生字	泳	涼	領	貢	悠	鴨	返	暇
部首	水	水	頁	貝	心	鳥	辵	日
筆畫	8	11	14	10	11	16	8	13
生字練習								

訂正								
生字	廟	串	雕	齒	仙	境	烤	烘
部首	广	丨	隹	齒	人	土	火	火
筆畫	15	7	16	15	5	14	10	10
生字練習								

㈠詞語練習：先調換詞語再用兩個詞語造句。

例句：帶領→領帶：

導遊先生帶領著遊客，去買印有峇里島風光的領帶。

1. 色彩→（　　　）：（　　　）

2. 品牌→（　　　）：（　　　）

3. 感動→（　　　）：（　　　）

4. 宗教→（　　　）：（　　　）

5. 國王→（　　　）：（　　　）

(二)修辭練習：請填入適當的號碼。

①譬喻修辭　②引用修辭　③設問修辭　④排比修辭

1.（　）他跳躍起來，彷彿一隻飛鳥。

2.（　）一千元可以購買一件名牌襯衫嗎？

3.（　）爸爸常常對我說：「吃得苦中苦，方為人上人。」

4.（　）這家餐廳裝潢高雅，食物精美，招待又親切，難怪高朋滿座。

5.（　）他上知天文下知地理，好像古代的諸葛亮。

6.（　）我最喜歡拿破崙的名言：「在我的字典裡，沒有一個『難』字。」

7.（　）你若不認真學習，以後有機會當董事長嗎？

8.（　）花園裡紅花似火，白花似雪，黃花似寶石，真是美不勝收。

十 小河

訂正								
生字	芬	懷	陶	祥	村	莊	憂	鎮
部首／筆畫	艸／8	心／19	阜／11	示／10	木／7	艸／11	心／15	金／18
生字練習								

訂正								
生字	沿	銀	城	龐	迴	勤	嬉	凝
部首／筆畫	水／8	金／14	土／9	广／19	辵／10	力／13	女／15	冫／16
生字練習								

㈠填一填：選出適合的詞，填在空格中。

魚蝦　螃蟹　村莊　芬芳　晚霞　迴盪　幸福　涓涓　潺潺

黃昏，我們在河邊散步，（　　　　）的野薑花，讓我們忍不住停下腳步。

河水潺潺，（　　　　）、（　　　　）在石縫間穿梭。

遠處的（　　　　）有孩童的嬉笑聲，笑聲（　　　　）在天邊，讓（　　　　）也笑開了臉。

㈡寫一寫：寫出本課的段落大意。

第一段：小河從山間溜到（　　　　）。

第二段：從村莊到（　　　　）。

第三段：從小鎮游向（　　　　），最後投入大海的懷抱。

你最喜歡哪一段？為什麼？

十一 愛唱歌的鳥

訂正								
生字	製	繁	避	寒	秋	蔭	錦	焦
部首／筆畫	衣／14	糸／17	辵／17	宀／12	禾／9	艸／15	金／16	火／12
生字練習								

訂正								
生字	憶	鋸	楓	燒	沉	哀	柴	燃
部首／筆畫	心／16	金／16	木／13	火／16	水／7	口／9	木／10	火／16
生字練習								

(一)同音字的聯想：選兩個同音字來造句。

1. 鉅 聚 拒 劇 句 具 拒 據 鋸

例：妹妹喜歡看連續劇，媽媽說她的時間都被連續劇占據了。

(1)

(2)

2. 意 藝 議 義 憶 易 異 益

例：有益他人的事，其實很容易可以做到。

(1)

(2)

(二)填一填：把正確的字寫在（ ）內。

1. 繁花似（ ）的花園。 線 錦 金
2. 公園裡綠葉成（ ）。 陰 陽 蔭
3. 寒（ ）的天氣。 泠 冷 令
4. （ ）燒木柴取暖。 染 燃 然
5. 回（ ）往事真甜蜜。 憶 義 意
6. 心中好（ ）急。 交 蕉 焦
7. （ ）成一段段的木頭。 居 鋸 句
8. 食品（ ）造工廠。 制 製 至

訂正								
生字	致	勾	嬋	鈎	兄	皎	宋	潔
部首	至	勹	女	金	儿	白	宀	水
筆畫	9	4	15	13	5	11	7	15
生字練習								

訂正								
生字	蘇	杯	仰	娟	撥	盤	團	歲
部首	艸	木	人	女	手	皿	囗	止
筆畫	20	8	6	10	15	15	14	13
生字練習								

(一)讀一讀

蘇軾在月光下思念弟弟，如果直接寫：弟弟，看到月亮我就想到你，我實在很想念你。這樣的文章表達太直接，缺乏美感。如果，藉著景色來烘托思念，就會有景——月光下，有情——思念之情；情景交融，讀起來會比較令人感動。

(二)想一想

＊曾經在什麼情景中，你會特別想起一個人，一件東西，或是一段往事？

＊詳細寫這個人，或是這件東西，這一段往事。

＊把想念的心情描述出來。

最後再把文章寫在下一頁：

【全新版】華語習作A本第八冊

總 主 編：蘇月英
編撰委員：蘇月英、李春霞、胡曉英、詹月現、蘇　蘭
吳建衛、夏婉雲、鄒敦怜、林麗麗、林麗真
指導委員：信世昌、林雪芳
責任編輯：李金瑛
封面設計：陳美霞
發 行 人：曾高燦
出版發行：流傳文化事業股份有限公司
地　　址：臺北縣 (231) 新店市復興路 43 號 4 樓
電　　話：(02)8667-6565
傳　　真：(02)2218-5221
郵政劃撥：19423296
http://www.ccbc.com.tw
E-mail:service@ccbc.com.tw
香港分公司◎集成圖書有限公司－香港皇后大道中283號聯威商業中心8字樓C室
TEL：(852)23886172-3．FAX：(852)23886174
美國辦事處◎中華書局－135-29 Roosevelt Ave. Flushing, NY 11354 U.S.A.
TEL：(718)3533580．FAX：(718)3533489
日本總經銷◎光儒堂－東京都千代田區神田神保町一丁目五六番地
TEL：(03)32914344．FAX：(03)32914345

出版日期：西元 2005 年 3 月臺初版（50096）
印　　刷：世新大學出版中心

分類號碼：802.85.031
ISBN 986-7397-21-5

定　　價：60 元